COMPTE RENDU

DES

RECETTES ET DES DÉPENSES

POUR LA

RECONSTRUCTION

DE

L'ÉGLISE WESLEYENNE

DE·PORT-AU-PRINCE

Commencée le 29 Février 1871

PARIS

LIBRAIRIE ÉVANGÉLIQUE

4, RUE ROQUÉPINE

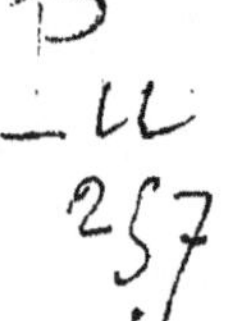

RAPPORT

DES

RECETTES ET DES DÉPENSES

DE

L'ÉTABLISSEMENT WESLEYEN

DE PORT-AU-PRINCE

Depuis 1871 jusqu'au 31 décembre 1874

La reconstruction du Temple est une preuve éclatante de la grande libéralité du peuple haïtien, inspirée sans doute par l'esprit du Fondateur de la République, Alexandre Pétion, qui, ayant décidé de mettre devant son peuple les deux côtés de la question religieuse, appela d'outre-mer des ministres chrétiens différant avec lui-même en matière de religion, lesquels à l'égard de Dieu et de sa volonté ne reconnaissaient que les saintes Écritures.

A la nation haïtienne maintenant, après bientôt cinquante ans d'épreuve de leurs travaux en Haïti, à se prononcer sur le jugement de Pétion, elle admettra volontiers le développement intellectuel et moral, qui s'est produit chez elle par les efforts persévérants de ce petit nombre d'ouvriers évangéliques. Certes, ce qui a été fait depuis presque un demi-siècle avec si peu de moyens est assez pour prouver que, s'ils avaient eu à leur disposition les ressources nécessaires pour l'accomplissement du but qu'ils se sont toujours proposé, ils auraient enseigné à plusieurs autres centaines d'enfants à lire, à écrire et à calculer, travaillant en même temps à cette culture morale qui forme l'honnête homme, et transforme graduellement et effectivement les masses d'un pays.

L'ancien temple contenait des places pour quatre cents auditeurs, celui-ci en contient mille ; cet édifice sert de monument à la charité chrétienne qui règne dans cette ville, puisqu'il a été érigé avec le concours des hommes de toutes les croyances, comme on peut le voir par la liste qui suit.

Cependant, il reste encore beaucoup à faire ; la grande école et la maison du directeur, dévorées par les flammes en 1869, sont encore à rebâtir. Mon intention est de reconstruire ces édifices indispensables au plus tôt ; le faire rapidement serait impossible, néanmoins le concours général par le moyen de contributions volontaires fournirait, comme par le passé, les moyens nécessaires pour remettre tout sur un pied encore plus élevé et plus utile.

En attendant, la reconstruction du presbytère est déjà commencée : entreprise rendue nécessaire par le fait que le pasteur et sa famille se trouvent excessivement à l'étroit, étant provisoirement logés dans la sacristie du Temple, où ils se sont établis purement dans un esprit de sacrifice, pour économiser les fonds publics.

Les listes mensuelles de 25 piastres par mois et au-dessus que l'on désire donner offrent aux amis de l'établissement un moyen facile de le soutenir; enfin, comme par le passé, on compte sur l'appui de la communauté de Port-au-Prince en général, avec l'assurance que les mérites de cette institution, qui ont été reconnus et appréciés depuis nombre d'années, le seront encore, et toujours davantage.

Dieu est notre espoir et notre appui, il l'a été depuis le commencement, dans nos humbles efforts pour établir le bonheur, la prospérité et le salut d'Haïti.

M. B. Bird.

COMPTE

POUR LA RECONSTRUCTION DE L'ÉGLISE DE PORT-AU-PRINCE

RECETTES

1872

		Piastres.	
Févr. 2.	C. Pressoir	51	
	Rivière, père	200	
	M. et Mme Bird	100	
	Quelques amis anglais	60	
	E. Gressine. Collecté	12	
4	Rossignol	2	
6	Regnard	4	
	Laborde	10	
	Mme Cheesman	5	
	Alexandre, général	40	
	E. Gressine. Collecté	10	25
19	L. Pouille	4	
20	Elie	2	
	E. Pouille	2	
	A. Madiou	2	
	Travesio	2	
	Mme Rose. Collecté	5	
	B. Dehoux	10	
23	Mme Betschine. Collecté	12	82
	V. Grégoire. Collecté	11	55
	Labranche. Collecté	17	50
	Mme Boaler. Collecté	42	95
25	Collecte de Dimanche	2	
26	Lajoie	2	
	Mme Boaler. Collecté	10	
	Mme Rose. Collecté	2	
	P. Lochard. Collecté	10	
	M. et Mme V. Grégoire	31	
	Alexina Lochard. Collecté	3	
	Pose de la pierre	44	
	Rév. J. Bayard	11	
Mars 3.	Collecte de Dimanche	1	90
5	Reçu de la Jamaïque	277	
	Hartman	100	
	N. Montasse	4	
	F. Pouhle	10	
	O. Rivière	40	

		Piastres.	
	P. Rivière	10	
	F. Phillip	2	
	Dr Smith. Collecté	72	
	Mme Betschine. Collecté	9	
8	Gén. Lorquet	20	
	Rév. J. Maulies	5	
	Segni	1	
	A. Fort Colin	8	25
10	Collecte du Dimanche	3	22
	Luders	5	
	A. Rone	4	
	J.-B. Pressoir	4	
	Jacobs	4	
15	Morin	2	
	Dr Smith. Collecté	130	
	Collecte de Dimanche	2	24
	W. Scott	25	
	Painson	4	
	Borne	2	
	Peronoewer	2	
	E. Gressine. Collecté	13	50
	May	2	
	Moreau	4	
	Collecte de Dimanche	3	
	Dr Audain	6	
	Mme Betschine	11	30
Avril 3.	Biron, vice-consul anglais	15	
	Boules. Collecté	4	63
	Espere		50
7	Collecte de Dimanche	3	15
	Moffatt	100	
	Fatton et Cie	10	
	Conseil communal de Port-au-Prince	33	
	Armand	5	
	Roergier	4	
	Gen. Benjamin	33	
	Vilvaleix	10	

	Collecte de Dimanche	4 25
	Hamilton	1 50
	D. Lespinasse	5
	Naudet	6
	J. E. Pressoir	49
	Collecte de Dimanche	4 25
	Domingo	4
	Oughton	4 30
	Bruno	4
	Gomez	2
22	Maison de Rocre et Cie	25
	S. Basse. Collecte	13 30
Mai 2.	Dr Smith. Collecté	42
	Coler	5
	Morin	5
	Oughton	4
	Moffatt. Collecté	35
	Bouler. Collecté	4
	Un ami	2
	Melany	5
	Collecte de deux Diman-ches	9 10
	Jeanty	5
	Bassett, consul général américain	12
	Dubois, père	2
7	Grant des Gonaïves	100
	Dorval. Collecté	40
	Mlle Lochard. Collecté	3
	Rév. O. Bayard	5
	G. Hogarth	2 37
12	Collecte de Dimanche	4 19
	S. Basse. Collecté	4 25
	Robert Nephens et Cie	50

SOUSCRIPTIONS REÇUES EN MONNAIE-PAPIER CHANGÉES EN PIASTRES

Mme Tella	2 30
Rév. Evariste de Gros Morne	26
Lepeltier	30
Monnaie des Classes	5
Edgar	60
Tella	82
Collecte de Dimanche	2 14
Mme Bouler	90
Collecte de Dimanche	1 75

	S. Pressoir. Collecté	3 30
	Jean. Collecté	5
	E. Lepeltier Collecté	36
	A. Bouler. Collecté	30
13	Noguessine	6 25
	Espere	50
17	Dumai	50
	Demost	100
	Collecte de Dimanche	3 17
	Dr Smith. Collecté	61
22	S. Pressoir. Collecté	37
24	Cath. Pressoir	50
	A. John, consul général anglais	50
	Collecte de Dimanche	3
	Reçu du trésorier de l'établissement	921
	Demost. Collecté	70
	Juste	6
	Dupré, sénateur	100
	Collecte de Dimanche	3 69
	Sobodher. Collecté	5 50
	Collecte de Dimanche	4 15
	Argent de Classe	7
Juin 2.	Jastram	4
	Jouby Dehoux	8
	Jeager	20
	S. Pressoir. Collecté	3
	Argent de Classe	4 45
	Collecte de Dimanche	4 20
	Betschine. Collecté	19 50
	S. Pressoir. Collecté	2
	Barthe	2
	B. Dehoux	10
	Preston père	5
	Vilvaleix	10
	Prezeau	5
	B. Bazelari	5
	Gén. Brice	5
	Boironde	25
	Garnotès	50
	Julien	20
	C. Bijou	1
	Alexis	6
	Collecte de Dimanche	3 66
	Gervais	3
	Brisson	4
	Collecte de Dimanche	4 55
	B. Rivière	20

Reboul et Cie	10	
G. Ewald	10	
Gén. Basquiat	5	
Juil. 7. Collecte de Dimanche	4	25
Duval	10	
Gén. Benjamin	16	
A. Delva	10	
Vilvaleix	10	
Larrieux	5	
Mme Genil	3	
Demost	10	
Collecte de Dimanche	4	
Ethèart	5	
Monnaie de Classe	2	50
Cadet		80
Boisette	2	
Collecte de Dimanche	6	
Maison de Roberts et Nephenes	50	
Rév. O. Bayard	10	
Deux collectes de Dimanche	6	
Catts	2	
Boyer	1	
Preston, consul à New-York	20	
Weasing. Collecté	6	35
Mlle Bonhomme. Collecté	17	
Un ami des Gonaïves	6	
R. William	5	
Juste	3	25
Monnaie de Classe	9	50
E. Gressine. Collecté	9	50
Baubrun	1	
Pyrrhus, Michel	1	
Nesey	1	
Gén. Prophète	4	
Dr Kenroth	5	
Rameau	5	
Rév. Holly	3	
Fond. Cheval,	3	
J.-C. Pressoir	40	
Gén. Damier	5	
Vente de deux poteaux	6	
Vil Lubin	12	
Broun Pressoir	4	60
Mme Benoît des Gonaïves		
Gén. Brice	6	

Collecté	7	50
Monnaies de Classe	11	
J.-C. Pressoir	50	
Bouler	5	
F.-B. Desprès	5	
Gén. Benjamin	80	
J. Hogarth	10	
Maison de Cutts et Co.		
Souscriptions de 3 ans	300	
E. Dehoux	10	
Regnard	4	
Mme Helbams	1	
Segni	1	50
Chéeman's Suter	10	
Un ami	4	
Ami	4	
R. Williams	5	
Lespinasse	4	
Jartram	4	
Une famille	4	
Orton	2	
Prophète, gén.	4	
A. Bargurat	5	
Morin	5	
Amitié Lubin	10	
Consul américain	10	
Dubois	2	
Mme Demost	9	
A. Bayard	5	
Un ami	10	
Oriol	1	
Etheart	10	
Bowett	2	
Un ami	2	

1873

Servers	50	
C. S.	25	
Horelle	20	
Debrosse	4	
Simonire	1	
Borno	1	
Un ami	1	
Fravesio	5	
Amitié Lubin	12	
Gabriel	1	
Bruno	2	
A. Barthe	2	

Gent. Nissage, président d'Haïti   50
Mme Compans   15
E. Gressine   10
Dumai   5 75
E. Hamilton   13 50
J^{er} Williams   4 50
V. Grégoire   6

1874

Collecté à la Jamaïque	130	60
A. Grice	4	
Boîte missionnaire	1	95
Arthur Bird	100	
Phackray	100	
Reçu	650	
Dr Smith	20	
G. Bayard	5	
Rév. Lavy	10	
Gen.	15	50
Total des petites sommes	115	
Légué par M. Moffatt	100	
Nemorin	4	
P. Rivière	10	
D. Pouille	4	
Malavy	5	
Painson	4	
Victor	4	
Duveneau	3	
Borni	2	
Dr Audain	6	
Duval	10	
Oughton	2	
Prophète	4	
Bruno	4	
Germain	1	
Liautaud	5	
Erasme	1	
Marseille	1	
Un ami	2	
Roy	1	
Gervais	1	
Larrieux	5	
Hartman et Ce	100	
Harcade	50	
H. C.	10	

Mme Compans   15
Fond Cheval   8
Posamasse   10
Meve   7 35

SOUSCRIPTIONS MENSUELLES A PARTIR DE 1872, ALPHABÉTIQUEMENT ARRANGÉES.

Armand	6	
Auguste	2	
Allin	7	50
J.-J. Adam	12	
Audain, D^r	22	
Antoine	6	
Anselin	1	
Alcée	3	
D'Aubigny	2	
L. Amitié	11	
Benoît		50
Boisette	2	
Boyer, L.	2	50
Bolti	4	50
Bassette, minis. am.	46	
Bruno (lycée)	5	
Bayard, A.	26	75
Barreau	4	
Bosquiat, C.	6	
Boironde	6	
Burke, D.	12	
Baron, G.	7	
Byron	25	
Baucé	1	
Bélisaire	5	
Bayard, P.		50
Bordu		50
Beaupin		50
Bouler, W.	7	50
Bechet	3	
Bordu		50
Coby	10	
Crosnell	13	
Coles	16	50
Carrié	7	
Chabaud	24	
Carrié et Ce	19	
Chassing	10	

Nom	Montant		Nom	Montant
Costera	1		Gaard	1
Cheri	6 25		Gauveis	1
Corne, Georges	2		Germain	6
Colin père	2		Geuray	1
Charles, Louis	2		Hepburn	26
Camille	50		Hassen, O.	27
Deslandes, R.	4		Johnston	5 50
Dieudonné	12		Imbert	10
Dehoux, Ernest	50		Isaac	2
Duval	34		Jerbrers	6
Deslandes	7 50		Jastram	1
Dufort père	11		Jeager, M. et Mme	54
Behoux, B.	11		Keil	14
Duthiers	18		Klatter	19
Deken	2		Kochler	12
Dejean, C.	1 50		Legros	50
Duplessis, B.-M.	4 50		Lespinasse, Dr	6
Danters	1 50		Lepeltier	1
Delva	2		Larieux	8
Dubois	1		Labissière	50
Duchatelier	1		Lavohanet	3
Dr Dehoux	64		Lorquet, Gén.	12
D'Aubigny	50		Leblanc	1
Emmerson	50		Laborde	120
Etheart, S.	5 10		Leclerc	3
Etheart, L.-D.	1 75		Luverle	2
Edouville	6		Lami	4
Etheart, G.	6		Loper	1
Enald	6		Lespinasse, Dr	20
Estève	14		Marcelin	3 50
Ederard	50		Madiou, A.	9
Etheart, P.	1		Malary	6
Emmanuel	19		Mary	19
Fort, A	2 50		Malval	9
Fouchard	21		Mons	5
Fatton et Co	13		Morin	6
Favard	17		Mauclaire	2 50
Frangeuil	9		Mary	9
Fettière, Gén.	3		Mege	1
Geuray	3		Miot, C.	24
Guignard	6		Muller	3 50
Gourgue	5		Marcelin	2 50
Gaitjens	3		Mitchel	12
Genti et Co	26		Malval	9
Goldenberg	6		Moïse	6
Garcie	50		Montasse, N.	6
Gaugaite	4 50		Merentié	1
Gouthier	50		Moffatt, W.	200
Garnier	1		Menos et Cie	5

Meyers	2	
Oxade	1	
Udé	25	
Pouille, J.	5	
Peters	42	
Philanthrope	6	
Pouille, E.	1	50
Poulh	1	50
Pearsall	6	
Pairreon	14	
Phillipps	4	50
Page	6	50
Pirre, Emile	1	
Pépé		50
Pochin	2	
Rosental	7	
Regand	18	
Rocheler	12	
Rocre, A.	12	50
Rose, W.	16	
Rivière, B.	25	
Rossignol	8	
Rivière, L.	15	
Rey	2	
Roy, A.	1	50
Regner, J.-H.	11	
Roumain, A.	5	
Richier père	6	
Richier fils	3	
Roney,	4	50
Raymond,	2	
Regner fils	6	
Rivière père	4	50
Ribeaud	5	
Soreil	16	50
Souffrant	11	50
Sobodker	6	50
Sterlin	3	25
Scutt, W.	22	
Seraphin	1	
Saladin	2	50
Simmonds	36	
Smith, Dr	12	
Sanon fils	26	
Schultz	1	50
Saint-Macary	1	
Saint-Aude	4	75
Sanchez	1	50
Thoby	2	

Tnerdy	44	
Thorp		50
Turner	1	
Trouillot	3	50
Vernen	5	75
Vilvaleix	5	
Volney	3	
Voley	9	
Valin frères	4	
Vigne	8	
Woolley	10	
Woolley fils		50
Williams, R.	20	
Williams, E.	50	
Wulff	24	
Wilson		50
Wiederhold	3	

LISTE DE MADAME JEAGER.

Dans les suivantes se trouve la somme de 390 75, piastres donnée par l'ex-trésorier.

Seivers	100	
A. J. J.	2	
Hentjens	3	
Castra. Monnaie d'Haïti	p. 200	
André	2	
Borno	2	
G.-L. Cheesman	5	
G.-B. C.	2	
E. C.	2	
F. Volery	2	
G.-G. Rivière	6	
Trusfield	2	
Wener	2	
Harcade	5	
Goubault	2	
Saint-Merenti	10	
A. Mevs	10	
Malanz	2	
Jackson	2	
Un ami		50
Broun	5	
A. M.	30	
L. Geager	10	

Un enfant Monnaie d'Haïti p. 200	
Un ami	1
C. Broun	2
Bructe	100
Un ami	1000
Gabrai	500
Mathou	500
Un ami	1
Boury	
W. Moffatt	2
Wiootcot	50
S. Gentit	5
Schmidt	2
L. Favard	6
Valin	2
H. Poyron	2
Whilhem	5
Schultz	5
Simmonds	20
Un ami	1
Luders	5
Guerry. Monnaie d'Haïti p. 1000	
Moreau	1
Breckenddrige	20
Phillippe	1
Valcin	1
Wilson	1
B. Dehoux	5
Rossignol	1
Francoz	5
Nadal	1
L. Etheart	1
E. Bassett	5
Rév. J.-F. Holly	3
W. Scott	5
Defroce	1
Guercy	1
Miott	1
Masclary	50
Un universaliste	200
Truillot	200
Moreau	1
Gén. Calixte	100
Gén. Prophète	1
Veuve	1
F. Marcelin	20
Roberts	1

Asmm	5
David	2
E. Williams	10
Monfleury	1
Léopole	5
G. Ferre	1
Stembragge	10
Gat	1
Brune	1
Nelson	1000
Bastia	100
Blanchar	200
A. G.	1
J. D.	4
Gougnan	2
Un ami	100
S. P. C.	10
Worf	1
E. R.	1
A. Barthe	2
Barbancourt	2
Bokkelen	5
R. Williams	3

LISTE DE MADAME M. ROSE.

D. Cadet	3
E. Valer	100 G.
B. Baer	100
D. Victor	100
Vve Lafoutant	100
Un ami	100
Aschin, la famille	100
Michel	100
Dambreville	100
Lareneul	100
Marcelin	100
F. Victor	3
Laporte	300
Camille	300

LISTE DE MADAME BOALER.

Mme R. R.	10
W. D.	4
J Carné	4
F. M. Ossol	2

C. Ossol	1	
Boucoss	1	
Lechaud	2	
Lespinasse fils	2	
Dessert	100 G.	
Talméus	100	
A. Bayard	2	
Lavoste	1	
Bancé	100 G.	
Laboute	100	
Liautaud	100	
J. Lamothe	500	
Duchatelier	100	
Un ami	2	
Un ami	100	
W. Joseph	100	
Un ami	1	
Claudens	100	
F.-B. Lespinasse	1	
Coradin	100	
Posson	200	
Martineau	2	
Un ami	4	

LISTE DE NOGUESINE PRESSOIR.

Veuve Delva	100
L. Duval	1000
R. Joseph	100

LISTES SPÉCIALES.

Arthur Bouler	2	25
E. Gressine	10	
Dela	4	15
Dumai	5	75
Labranche		50
Mᵐᵉ Betschine	17	
E. Hamilton	13	50
J. Williams	4	50
V. Grégoire	6	
J. Bayard	5	
Cadet père	1	50
Imbert		50
Dʳ Smith	20	
Rév. Lavy	10	

A. Benjamin	15	
Total des gourdes en papier	17	
Dʳ Dehoux	100	
G. Hyppolyte	100	
Sadrac Hyppolyte	200	
E. Robin	3	
Boco	5	
B. Bazelais	5	
Grégoire, collecté	9	50
V. Lochard	30	
Grégoire	16	
F. Cadet	5	
Brook	12	
Ritter	12	
Bresson, collecté	336	
F. Dumai	34	
G. Hippolyte	16	
Cléomie	1	
D. Bouler	20	
Mᵐᵉ Bouler, collecté	2	75
G. Baron, collecté	46	
Collectes	622	75

LA DERNIÈRE LISTE.

Le président d'Haïti et son conseil	100	
White, Hartmann et Cᵉ	100	
Peters et Tweedy	100	
Sewers et Cᵉ	50	
Harcade et Cᵉ	50	
Goldenburg et Cᵉ	50	
C. Schultz	25	
Purgold et Cᵉ	25	
Roberts Nephens et Cᵉ	50	
Gartjens Riboul	25	
Le ministre résident américain	50	
Catts Pressoir	50	
G. Hippolyte	10	
Vilvaleix	10	
Gén. Roch	5	
Martineau	5	
Surville Guercy	5	
Gén. Leger	15	
G. Remy	5	
C. Lahens	25	
Gén. S. Ramèau	50	

Gén. Brice	5		F. Bruno	2	
Gén. J. Lamothe	25		Dagueniau	1	
Gén. Bichet		50	Célestin	1	
Francoz et Cᵉ	5		Rigaud	1	
Lebrun	3		Lervy	2	
Victor	1		Borouy	1	
Arbuthnot	10		Un ami		50
Arthur	1		P. Benjamin	10	
Collecté par Arbuthnot	23		Mme Grice	10	
Frédérique	1		Un ami	2	
A. André	5		La foi justifie	10	
Dominique	2		Héloïse	1	
Imbert	1		Daguerre	1	
Ballette	1		Vignuser	10	
Michaud		50	Altin	10	
W. Grice	12		Guignard	2	
Bayergeau	1		Mme Troy		50
Pérez	1		Tarnier Crosnell et Cᵉ	25	
Ward		50	Lechaud		50
P. Medonne		50	Pontluis	2	
Mais		50	Duprés		50
Fanny		50	Gatyem Eward		25
Un ami	2		Gén. Lorquet	20	
Lamoux	5		Granville	10	

DÉPENSES

1872

Les entrepreneurs	2225		Pour creuser la fondation et démolir les murs	35	25
Plus	699		Pour bâtir solage, etc.	37	
Isle	492		Pour la maçonnerie	1823	
Achat de fers-blancs et de tôles pour la galerie dernière	40	25	Poteaux	165	
Couverture de la galerie, main-d'œuvre	15		Pour les roches	220	09
Achat de briques	324	25	Bois du Nord	470	50
Achat de poteaux	199	70	Clous	30	
Achat d'acajou	70		Pour scier des gros bois	7	10
Fourniture en fin	57	55	Graisse, et éval. tar.	2	
Achat de briques	425	31	Pour la chaux	651	56
			Pour du bois	253	44
			Pour le sable	240	
			Charrois	249	

Pour la balustrade	25
Drap pour l'estrade	12
Pour l'imprimerie	30
Pour l'intérêt de quinze cents piastres pour plus d'un an	200
A M. S. Dupres, pour l'intérêt non composé de quinze cents piastres pour plus d'un an	120
Pour la construction des usines, y compris garniture de la maison, etc.	1253 07
Refaire le toit. Intérêt sur l'emprunt de 450, etc., etc.	132 20
Pour du bois du Nord	253 44
Payé à la maison de Lutts et Cᵉ à valoir	200
Payé à la maison de Lutts et Cᵉ, souscription pour trois ans	300
Don de M. E. Williams pour du bois, p. 29	
L'huile pour l'église pendant trois ans	50
Pour lampes, dᵒ	12
Bougies	4 90
Mèches	3
Cheminées	10 90

Comptes de M. Broun	32
Nettoyer l'église pour 27 mois à 6 p. par mois	162
Cantique et liturgie pour la chaire	3 35
Déménagement de la maison et de l'église	17 25
Une cuisine américaine	34
Meuble pour la chambre à coucher	27
Garde-manger	2
Un bureau	2
Une table	2 75
Calicot pour cloison	2 20
Banc à cruches	2
Payé à la fonderie	156 65
A V. Boyer	72
Diverses petites dépenses selon les comptes rendus	253 23
Trois baquets en fer	3
Papeterie, trois ans	19

La suspension inévitable de toutes les souscriptions pendant ma très-grave maladie a pu avoir occasionné des irrégularités dans la liste maintenant présentée au public.

Une dépense de presque 200 piastres, pour le clocher, la peinture, etc., a été faite de la part de quelques amis, pour leur propre compte.

RÉSUMÉ DES COMPTES

Somme totale des dépenses. 12,298 93

Somme totale des recettes . . . . . : 12,228 18

Il reste une dette de 70 75

Somme due à l'Etablissement par le Gouvernement . . . . 900 »

Un compte non payé . . . . . 700 »

M. B. BIRD.

5166. — Paris. Impr. de Ch. Noblet, 13, rue Cujas. — 1877.

Ami vrai du Gouvernement Haïtien, je venais de lire le discours de son Ministre de la justice, lorsque j'entendis un grand penseur de l'époque, faisant l'histoire du Progrès humain, déclarer que la parole est l'instrument direct de l'intelligence et le thermomètre de la pensée d'un peuple :

AINSI : *Dites-moi ce qu'il dit, je vous dirai ce qu'il est.*

. . . .

Appliquant aussitôt cette maxime à ce jeune peuple d'Haïti qui venait d'émettre des pensées si justes, si généreuses par la parole de son Ministre, je crois devoir faire connaître à la France, mère et amie d'Haïti, les progrès faits par ce peuple en quelques années.

DISCOURS DU SECRÉTAIRE D'ÉTAT,

Messieurs de l'ordre judiciaire,

Depuis longtemps je sentais le besoin de me trouver au milieu de vous, non pour vous parler de moi ni de vous, mais pour vous entretenir des grands intérêts de la Patrie, de cette Patrie que vous aimez comme moi et que vous voudriez assurément transmettre immaculée à vos enfants, telle que nous l'avons reçue de nos pères.

L'occasion s'offre à moi ce jour, elle naît de deux grandes choses : la cérémonie religieuse qui vient de s'accomplir pour la première fois en Haïti et l'exécution de la loi du 11 décembre 1860. Osons espérer de la bonté de Dieu, messieurs, qu'il vous éclairera et vous fortifiera de son esprit saint dans les décisions que vous allez rendre cette année, comme il dirigera les choix qu'il sera nécessaire de faire en vertu de la loi susdite.

Parmi les grands intérêts d'une nation et qui doivent occuper tous les instants d'un homme d'Etat, la justice, sans contredit, doit être placée au premier rang. C'est, en effet, de sa bonne administration que dépend la sécurité des familles, la liberté individuelle et la stabilité des gouvernements. Aussi cherchent-ils tous à donner cette garantie à eux et à leurs sociétés ; de là, selon le besoin de chacune d'elles, cette diversité de lois organiques judiciaires, cette différence de principes écrits dans les différentes constitutions des peuples civilisés.

Nous aussi, messieurs, nous avons expérimenté la matière ; nous aussi, nous avons écrit dans nos constitutions le principe de l'inamovibilité des juges et leur nomination par le Pouvoir-Exécutif ; mais nos révolutions ont quelquefois modifié ce principe : ainsi, en 1843, on a vu le personnel des tribunaux réformé par l'élection populaire.

Depuis lors, les différentes constitutions du pays ont replacé la nomination aux fonctions de l'ordre judiciaire dans les mains du chef du Pouvoir-Exécutif et maintenu l'inamovibilité des juges.

Cependant le temps d'épreuves par lequel nous venons de passer a soulevé, après la révolution du 22 décembre, la question de savoir si, comme en 1843, le personnel des tribunaux ne devait pas être réformé, d'autant que des plaintes plus ou moins fondées s'élevaient de toutes parts contre l'administration judiciaire du passé. Mais le chef de cette révolution, dont la sagesse égale la bravoure, proclama ce principe conservateur :

« Que tous les fonctionnaires publics continueraient l'exercice » de leurs charges, à la condition de servir la République avec » zèle, dévouement et intégrité. » Tous ne comprirent point l'importance de cette sage politique, et il fallut bientôt modifier le personnel de l'administration générale. Rien ne fut fait à cet égard relativement à la magistrature à cause de l'inamovibilité des juges, écrite dans la constitution de 1846 remise en vigueur, sauf modifications, par la dernière Révolution. Cependant il devint nécessaire de modifier le personnel de certains tribunaux, en remplaçant ceux de leurs membres qui seraient reconnus incapables de remplir convenablement leur tâche. De là la proposition par le gouvernement et l'acceptation par les chambres de la loi du 11 décembre 1860.

Cette loi laisse au gouvernement la faculté, pendant deux ans, de révoquer, s'il y a lieu, les juges, afin d'élever la magistrature à la hauteur de sa mission. Elle permet le cumul entre les fonctions de sénateur et de député à la représentation nationale avec celle de la magistrature.

Cette heureuse situation élargit le cercle dans lequel le gouvernement est appelé à choisir le juge et tend à relever cette partie si délicate de l'administration du pays.

Cette loi conserve le principe de l'inamovibilité, mais ce principe ne reprendra sa vigueur qu'après le terme laissé au gouvernement pour les choix nouveaux qu'il pourra être appelé à faire.

Que les bons magistrats néanmoins se rassurent ; que l'on ne croie pas que la loi du 11 décembre, dont l'exécution est confiée à mes soins, soit dans les mains du gouvernement une arme dont il a eu besoin pour augmenter son autorité. Non, messieurs le gouvernement a assez de pouvoir pour faire le bien qu'il désire; il n'en a aucun pour faire le mal : il ne voudrait pas de cette espèce d'autorité.

Les juges qui honorent leurs siéges peuvent être assurés qu'ils ne les quitteront point. Pour eux ces honorables fonctions conservent le principe de l'inamovibilite. Le gouvernement ne procède pas par passion, mais il procède avec justice : la fermeté nécessaire ne lui manquera jamais dans l'accomplissement de ses devoirs.

Il y a des juges qui, assurément, descendront de leurs siéges. Ce sont ceux qui manquent des qualités principales constitutives du magistrat. Tout le monde sait que nous ne pouvons exiger immédiatement jusqu'ici de nos hommes de loi toutes les connaissances nécessaires à leur état. Mais l'homme intelligent, chargé de défendre ou de juger les intérêts de ceux qui ont besoin de son ministère, peut se mettre en quelque temps à la hauteur de sa tâche par une application sérieuse à l'étude des lois. Ce que l'on peut et que l'on a droit d'exiger de lui au moment où il prête son serment, c'est une conscience pure, une volonté ferme et constante de bien remplir son devoir, une victoire complète sur les passions qui, d'ordinaire, assiégent l'homme, enfin l'amour de son état.

Le juge qui manque de ces conditions premières ferait bien de se démettre de sa charge du moment qu'il aura reconnu son insuffisance.

Est-il donc si difficile d'être bon magistrat?

Que l'on se reporte vers un passé non loin de nous et qu'on lise nos annales judiciaires; l'on y verra des noms bien honorables de magistrats qui la plupart n'étaient pas aussi éclairés que ceux d'aujourd'hui, et n'ont pas moins laissé inscrits sur leurs siéges des souvenirs impérissables : ils sont dignes d'être imités!

Les conséquences attachées à de mauvaises décisions sont si grandes et si fâcheuses quelquefois que les juges du fond surtout doivent bien peser les droits revendiqués par les parties qui se présentent devant eux avant de prononcer leur sentence. Et c'est surtout lorsqu'une partie est défaillante que la demande doit être scrupuleusement examinée avant d'être adjugée. Je ne vous parlerai pas de ce que peut entraîner de grave après soi l'exécution d'un jugement rendu par défaut: c'est souvent la ruine complète de la partie condamnée.

La voie extraordinaire du recours en cassation ne veut pas toujours l'annulation du jugement attaqué. Vous savez qu'un mal jugé ne prête pas à la censure et le mal jugé a des conséquences funestes. Le chiffre de la condamnation à des dommages-intérêts ne saurait être révisé par le tribunal suprême, et si le jugement est suffisamment motivé, il échappe à la cassation.

Considérez, dès lors, combien sont grands les pouvoirs des juges du fond et combien ils doivent se dépouiller de tout sentiment personnel lorsqu'il s'agit d'apprécier les faits, de fixer le sens des actes, d'user enfin le leur omnipotence judiciaire.

Qu'ils usent de ce droit, mais qu'ils n'en abusent jamais : il est éminemment du domaine de la conscience.

Si, par abus de ce droit important, le juge faisait en ce monde un mal irréparable, qu'il se le persuade bien, le jugement de Dieu le réparera à son détriment : l'honorabilité du juge doit le suivre partout, être attachée à ses pas. De son siége elle doit l'accompagner dans son palais ou sous son toit de chaume ; et en présence même d'une décision sévère mais juste, il faut que les parties lui donnent le salut d'honneur, sinon d'amitié.

De son côté, le gouvernement emploiera tous les moyens possibles pour relever la dignité du magistrat. Vous pouvez en juger, dès à présent, par la forme nouvelle employée par le Chef de l'État pour la nomination à cette délicate fonction.

Mais, pensent bien des esprits, pour obtenir le résultat que le gouvernement se propose, il faut, comme condition première, un salaire suffisant attaché aux fonctions de juge.

Je le sais et j'en conviens.

Mais, examinons :

Les fonctionnaires publics en Haïti sont-ils suffisamment salariés ?

Le gouvernement peut-il, dès à présent, accorder à chacun d'eux le juste tribut de ses travaux, de ses peines et de ses veilles ? Quelle est la raison de cette impossibilité ?

Haïti naquit d'une sanglante révolution. La ruine et la désolation durent être ses armes. Mais de ce tumulte effroyable sortirent la liberté et l'indépendance, bien inéffable dont Dieu dans sa toute puissante bonté nous fit présent et que nous devons conserver pour les léguer à nos plus arrière-petits-neveux.

A toutes ces gloires de notre indépendance, à tous ces soldats de la liberté, il fallut des récompenses. La Patrie n'avait pas de trésor d'où elle put puiser des récompenses pécuniaires ; elle partagea ses mamelles entre tous ses enfants. Chacun reçut une portion de terre destinée à lui assurer l'existence et à lui faire jouir des douceurs de la liberté. Lorsque les circonstances permirent à des gouvernements réguliers de s'établir dans le pays, ils songèrent à organiser un système financier et à consacrer, par des lois, le mode de paiement mensuel d'un appointement à chaque fonctionnaire public.

Ces appointements étaient-ils suffisants ? Etait-il raisonnable de charger d'impôts le peuple qui venait de faire de si grands sacrifices pour se créer une patrie, ou bien fallait-il faire plutôt un appel au patriotisme des fonctionnaires, et leur demander encore le sacrifice d'une partie de leur temps en faveur de la chose publique ?

C'est ce que fit le gouvernement de Pétion ; c'est ce que fit celui de Riché en ces derniers temps. Et la réponse des fonctionnaires civils et militaires fut ce qu'elle dut être. Etaient-ils donc plus patriotes que nous ?.. Sans doute si une dette étrangère, contractée dès 1825 et dont l'honneur national est garant n'était venue enlever au gouvernement la plus grande partie de ses ressources, aujourd'hui les fonctionnaires publics, depuis le premier magistrat du pays jusqu'au dernier employé, depuis le général jusqu'au simple soldat, chacun eut pu recevoir un salaire proportionné à la tâche qu'il remplit ; mais la dignité du pays lui commande un sacrifice — il doit l'accomplir.

Est-ce à dire néanmoins que le gouvernement n'a pas à cœur d'arriver le plus tôt possible à payer convenablement les serviteurs de la patrie ?

Certes son administration prouve qu'il le désire.

Il y a à peine deux ans qu'il est institué et deux fois déjà des lois nouvelles ont augmenté le chiffre des appointements des fonctionnaires publics.

Dans quelles circonstances ces lois ont-elles été votées ? Au moment même où le gouvernement faisait face aux engagements contractés par celui qui l'a précédé et auxquels satisfaction a été donnée quoiqu'ils s'élevassent à près de deux millions de gourdes ; au moment où l'instruction publique s'organisait et était répandue à profusion dans tout le pays ; au moment enfin où la religion, ce véhicule si puissant de toute bonne civilisation, s'organisait aussi pour la première fois en Haïti.

C'est dans ces circonstances, messieurs, et en face d'aussi grandes dépenses obligées, que le gouvernement n'a pas craint de prendre deux fois l'initiative de la mesure qui augmente sensiblement le traitement des fonctionnaires publics.

Et où a-t-il puisé les moyens pour le faire ?

A-t-il augmenté les impôts ? Non, il les a au contraire diminués et il a accordé des faveurs à l'agriculture, notamment une prime d'encouragement à la culture du coton, destinée à relier Haïti aux grandes puissances industrielles de l'Europe et à les désintéresser à la prospérité de la terre classique de l'esclavage.

Mais le gouvernement a trouvé le moyen de satisfaire à toutes ces nécessités et ne l'a puisé qu'à une seule source: sa probité, son économie et sa volonté de faire tout le bien possible.

Pour faire davantage en ce moment, il faudrait de deux choses l'une : ou augmenter les émissions du papier-monnaie ou grever le peuple d'impôts ; le gouvernement ne fera ni l'un ni l'autre. Il fera au contraire tout pour ne demander au peuple par la voie des impôts, que le nécessaire pour les besoins de l'administration du pays et il voudrait arriver le plus tôt possible non-seulement à la cessation totale de toute émission de billets de caisse, mais encore au retrait intégral de cette monnaie.

L'intelligence de la situation veut donc que le gouvernement tire parti des richesses naturelles du sol. C'est de quoi il s'occupe activement.

Le moment n'est pas éloigné où le gouvernement traitera avec des compagnies de l'exploitation de nos mines dont l'existence et l'importance ne sont plus un doute.

Ces nouveaux produits permettront au gouvernement de satisfaire à tous les besoins du nouvel ordre de choses.

Patience donc, messieurs, et courage à l'œuvre !

Nous sommes placés dans cette alternative, ou de nous suffire à nous-mêmes ou de consentir à être moins que nos aieux et à tenir ainsi la gloire qu'ils nous ont léguée.

Non, messieurs, quoique la patrie ne puisse faire mieux pour nous, quant à présent, n'en soyons pas moins ses zélés serviteurs. Tenons toujours haut et ferme le drapeau de l'honneur national que nous avons reçu des mains de nos pères, noircies par la poudre de mille combats et honorons leurs cendres.

Si, en aggravant notre situation financière nous allions jeter la perturbation dans la société, nous en supporterions seuls les conséquences et nous pourrions remettre en question un avenir certain déjà saisi.

Soyons sages, car nous n'avons de secours à attendre de personne.

Dieu est notre seul protecteur, et nos terres nos seules richesses. C'est en en tirant tout le parti possible que notre situation s'améliorera.

Mais soyez bien persuadés, messieurs, qu'au jour où la patrie pourra s'acquitter envers ses serviteurs de ce qu'elle leur doit, aucun d'eux ne sera oublié, et ceux surtout qui auront mis tout le cœur voulu à l'œuvre sont assurés de toute sa gratitude parce qu'elle aura grandi et prospéré par eux. Vous magistrats, qui consacrez tous les jours de votre vie à des études difficiles et à un labeur pénible, vous qui avez la responsabilité morale de vos décisions, vous serez placés au premier rang au jour des récompenses.

Messieurs les avocats,

Je ne puis oublier que pendant vingt ans j'ai vécu comme vous de luttes quelquefois difficiles, quelquefois pénibles, mais toujours fructueuses, toujours instructives, car le triomphe du bon droit est la plus douce récompense attachée aux rudes travaux de la profession, et les connaissances diverses que l'avocat acquiert durant son exercice viennent compenser un jour ses veilles, ses impressions, compagnes inséparables de sa tâche.

Je n'aurai pas à vous parler de vos devoirs, messieurs, vous les connaissez trop bien. Je ne vous parlerai pas non plus de vos jours d'heur, mais vous me permettrez de vous entretenir de vos jours de malheur, car je les ai partagés avec vous.

Lorsqu'un gouvernement règne par la terreur, lorsque la vie et la liberté ne sont plus garanties, la voix de l'avocat ne se fait plus entendre, la défense devient une pure forme : elle ne fait qu'enlever au malheureux condamné un moyen de plus de l'infirmation de son jugement.

Alors l'avocat se voile la tête d'un voile funèbre : le droit de la défense, le plus grand de tous, est ravi à l'accusé ; son défenseur ne joue plus qu'un rôle passif.

Hélas ! messieurs, nous avons été dans ces tristes conditions ; nous avons passé par ces tristes épreuves.

Mais des jours meilleurs sont venus vous consoler.

Ce n'était pas tout que d'avoir à gémir sur le sort de son client, l'avocat dut aussi payer l'indépendance de son caractère. Deux membres de ce barreau, deux de nos amis, se condamnèrent à un ostracisme volontaire, pour éviter une mort certaine. L'un a laissé ses restes sur la terre étrangère : donnons une larme à sa mémoire et n'oublions jamais que nous nous sommes nourris de sa mâle éloquence. L'autre, protégé par la divine Providence, après avoir bu dans la coupe de l'infortune, et conservé sa dignité, est revenu parmi nous plus riche de connaissances qu'il met à la disposition de son pays.

Le barreau des Cayes et celui de Gonaïves eurent aussi leur part au malheur : chacun vit un de ses membres aller chercher un asile à l'étranger.

L'ordre, aux Cayes, n'eut pas le bonheur de voir revenir dans son sein son membre exilé : lui aussi eut pour tombeau une terre autre qu'Haïti.

Le barreau des Gonaives, plus heureux, vit revenir le sien qui compte aujourd'hui parmi les honorables sénateurs de la République.

Depuis encore, votre nombre s'est accru de deux honorables citoyens, qui, après avoir fait leurs preuves à l'étranger, sont venus demander à leur véritable patrie une place parmi ses enfants. Vous les avez accueillis avec toute la distinction que mérite leur noble caractère, et vous leur avez tendu une main confraternelle et amie. Vous avez bien fait, messieurs, je vous en remercie pour eux, je vous en remercie pour moi, et je vous en remercie pour la patrie. Puisse-t-elle s'enrichir de beaucoup de sujets semblables !

Je vous ai dit que je ne vous parlerais pas de vos jours d'heur, mais puis-je m'empêcher de vous dire qu'ils sont arrivés ? Je les partage avec vous, mais j'ai le plaisir de contempler au loin un ordre que j'ai eu le bonheur de contribuer à former, qui jouit aujourd'hui de toutes les prérogatives auxquelles il a droit et au sein duquel je crois devoir compter quelques affections sincères.

Cependant, messieurs, malgré l'indépendance de votre profession et à raison même de cette indépendance, vous êtes appelés à rendre d'utiles services au gouvernement. Sa loyauté, sa franchise, la douceur de son administration, le respect qu'il professe pour les droits d'autrui, lui font espérer qu'il peut compter sur votre ferme volonté de maintenir les institutions du pays et sur votre concours pour l'aider dans la tâche qu'il s'est imposée : l'agrandissement et le bonheur de la patrie.

Messieurs,

Il me reste à vous parler d'une chose et c'est un regret à exprimer.

Le gouvernement, dans sa sollicitude pour tout ce qui peut être utile au pays, avait pensé qu'il était de son devoir de prendre l'initiative d'une loi qui institue des écoles de droit si nécessaires pour assurer dans un certain temps à la société, que ses intérêts seraient remis en des mains tout à fait habiles dans la science du droit. L'école de la capitale fut installée. Vous rappeler l'importance de la solennité qui eut lieu à l'occasion de son ouverture, à laquelle le chef de l'État daigna assister, c'est en deux mots faire l'éloge de l'homme qui est à notre tête, de ce soldat civilisateur qui met la main partout où l'avenir de son pays le lui commande..

Tout présageait dans les principes une prospérité grande à cette institution. Mais elle dut subir le sort commun réservé à toutes les choses nouvelles : de ne pas réussir tout d'abord. Cependant j'ai étudié les causes de cette halte, et j'espère que, par les mesures qui seront prises pour donner force à la loi, nous verrons l'école de droit se rouvrir pour ne jamais plus se fermer.

Telle est la volonté du gouvernement ; tel est mon désir à moi qui suis chargé de l'exécution de cette loi.

Messieurs les juges,

Ayez toujours présent à la mémoire la solennité de ce jour. N'oubliez jamais, durant le cours de cette année judiciaire, que vous l'ayez ouverte en demandant à Dieu de vous éclairer de son esprit-saint. Il vous accordera votre demande, car il a fait alliance avec vous et jamais il ne refuse son assistance à ceux qui la lui demandent avec ferveur.

Que cette année, messieurs, soit le principe d'une nouvelle ère judiciaire ouverte à Haïti !

Tels sont mes vœux pour la plus grande gloire de notre patrie !

Paris. — Imp. de G. Kugelmann, rue Grange-Batelière, 11.